Dienst

TUGENDEN MEINES HERZENS

Verfasst und illustriert von Melissa López Charepoo

Nach der Englischen Vorlage Service – Virtues of my Heart
© 2020 Melissa López Charepoo
Ins Deutsche übertragen von Patricia Maurya

Erstveröffentlichung 2021. Nachdruck 2026.

ISBN 978-1-971750-22-4 (Taschenbuch)

Für alle, die die Welt zu einem besseren Ort machen, indem sie anderen dienen.

Hast du dich schon einmal gefragt was es bedeutet, anderen
einen **Dienst** zu erweisen?

Dienen bedeutet, anderen zu helfen, die in Not sind, ohne dafür eine
Gegenleistung zu erwarten. Es ist eine Tugend, eine gute Eigenschaft
unseres Herzens. Dienen macht unser Herz froh und hilft uns, auch viele
andere Tugenden zu entwickeln. Es kann ein aufwändiges Projekt oder
eine einfache freundliche Tat sein.

Wir können uns bemühen, anderen zu dienen, wo auch
immer wir gerade sind!

Zu Hause bin ich immer auf der Suche nach Möglichkeiten, meiner Familie zu helfen. Wir erweisen unserer Familie **Liebe**, indem wir ihr helfen. Am liebsten helfe ich meiner Mutter nach dem Einkaufen, die Lebensmittel einzuräumen.

Wie zeigst Du Deine **Liebe**, wenn Du Deiner Familie einen Dienst erweisen möchtest?

In der Schule helfe ich meiner Lehrerin und meinen Mitschülern gerne. Wir zeigen **Freundlichkeit**, wenn wir einem Freund, der eine Frage hat, helfen. Einer meiner Lieblingsdienste ist, wenn wir unserer Lehrerin helfen, das Klassenzimmer nach einem langen Schultag wieder aufzuräumen.

Wie zeigst du **Freundlichkeit**, wenn du anderen in der Schule einen Dienst erweisen möchtest?

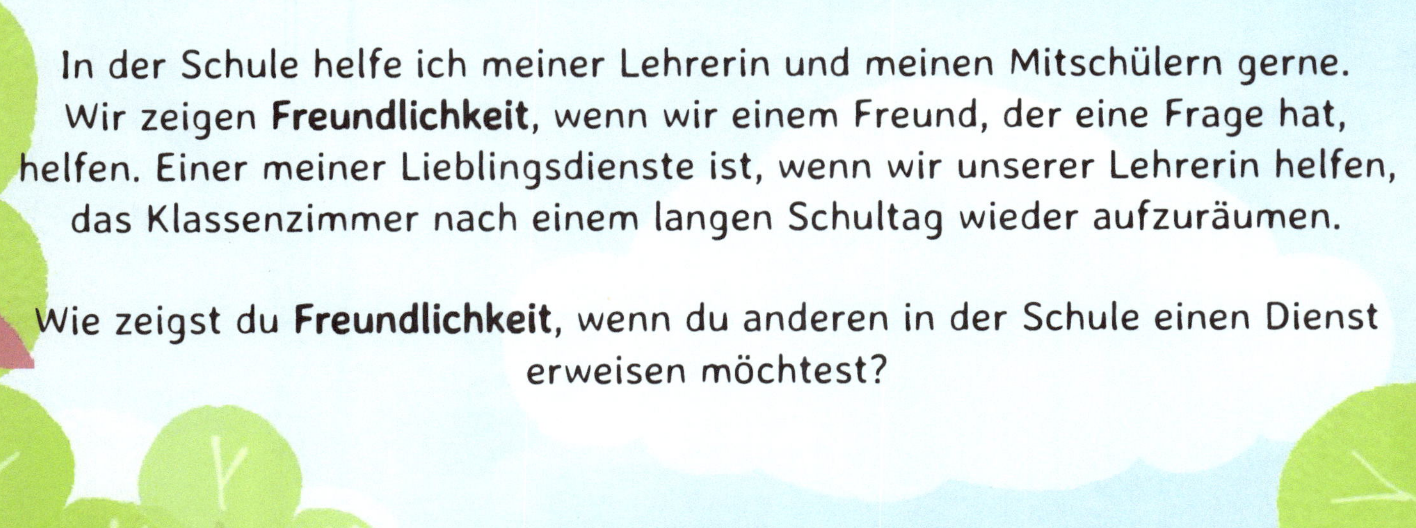

Auf dem Spielplatz achte ich immer auf meine Umgebung. Wir zeigen **Mitgefühl** für unsere Freunde, wenn wir auf ihre Sicherheit achten. Ich versuche jedem, der hinfällt, zu helfen, und wenn ich merke, dass mein Freund verletzt ist, bitte ich sofort einen Erwachsenen um Hilfe.

Wie zeigst du **Mitgefühl**, wenn du deinen Freunden einen Dienst erweisen möchtest?

Während ich neue Dinge lerne, erkenne ich, dass ich viele Talente habe. Talente sind besondere und einzigartige Gaben, die jeder von uns erhalten hat. Wir zeigen **Vortrefflichkeit**, wenn wir unsere Talente dazu nutzen, anderen zu dienen. Ich habe Freunde die sportlich, künstlerisch und musikalisch begabt sind oder ein Talent fürs Schreiben haben. Ich liebe Mathematik. Es erfüllt mein Herz mit Freude, wenn ich einem Freund dabei helfe, ein mathematisches Problem zu verstehen.

Wie zeigst du **Vortrefflichkeit**, wenn du anderen einen Dienst erweisen möchtest?

In meiner Nachbarschaft kann ich konkrete Bedürfnisse erkennen und mir einen Plan überlegen, wie ich helfen kann. Wir zeigen **Fürsorge** für unsere Nachbarn, wenn wir ihnen helfen. Wir bauen starke **Freundschaften** auf, wenn wir andere einladen, mit uns zu helfen. Vor kurzem haben wir festgestellt, dass die älteren Menschen in unserer Nachbarschaft nicht mehr in der Lage sind, sich alleine um ihre Gärten zu kümmern. Mit der Hilfe unserer Eltern haben meine Freunde und ich beschlossen, dass wir ihnen einen Dienst erweisen wollen.

Welche Bedürfnisse hat deine Nachbarschaft? Wie zeigst du **Fürsorge** für deine Nachbarn? Wie knüpfst du Bande der **Freundschaft**, indem du gemeinsam mit anderen dienst?

Ich möchte, dass der Dienst am Nächsten zu einem Teil meines täglichen Lebens wird. Wir zeigen **Engagement** für unsere Gesellschaft, wenn wir einen Beruf wählen, in dem wir unsere Talente zum Nutzen anderer einsetzen. Da ich Mathematik liebe, hoffe ich, dass ich eines Tages eine Wissenschaftlerin sein werde und der Menschheit mit neuen Erfindungen helfen kann.

Was möchtest du sein wenn du erwachsen bist?
Wie würdest du damit **Engagement** für unsere Gesellschaft zeigen?

Wir können auch unserem Land dienen. Manchmal passieren Naturkatastrophen. Wir zeigen **Einfühlungsvermögen**, wenn wir die Schwierigkeiten anderer verstehen und unseren Mitbürgern in Zeiten der Not helfen. Letztes Jahr wurde ein Gebiet in der Nähe unseres Wohnortes von einer großen Flut heimgesucht. Meine Familie und ich gingen hin, um zu helfen.

Wie zeigst du **Einfühlungsvermögen**, wenndu deinem Land dienst?

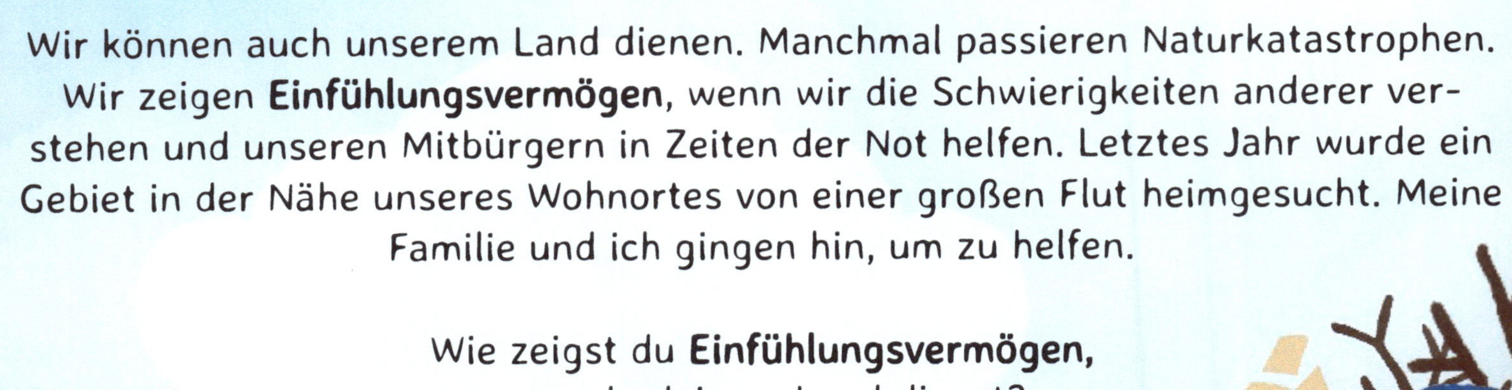

Als ein Weltbürger weiß ich, dass es keine Rolle spielt, wie klein meine Taten des Dienstes sind – sie machen immer einen Unterschied in der Welt. Wir fördern Einheit, wenn wir nicht nur unserem Land, sondern der ganzen Welt helfen. Wir recyceln **zum Beispiel** zu Hause, um der Umwelt zu helfen, denn dies betrifft uns alle. Stell dir eine Welt vor, in der jeder danach strebt, anderen zu dienen. Sie wäre ein besserer Ort!

Wie förderst du die **Einheit**, wenn du vor Ort einen Dienst tust, der der ganzen Welt hilft?

Wie du siehst, können wir uns bemühen, anderen zu dienen, wo immer wir sind. Dadurch, dass wir anderen einen **Dienst** erweisen, entwickeln unsere Herzen viele Tugenden, wie Liebe, Freundlichkeit, Mitgefühl, Fürsorge, Freundschaft, Vortrefflichkeit, Engagement, Einfühlungsvermögen und Einheit.

Es spielt keine Rolle, wie groß oder klein ein **Dienst** ist, das Ergebnis ist immer das gleiche. Unsere Herzen werden glücklich, wenn wir andern helfen, ohne etwas dafür zu erwarten.

Tugend-Lexikon

Fürsorge – anderen Freundlichkeit und Anteilnahme zeigen

Engagement – sich für eine Sache oder eine Person einsetzen

Mitgefühl – sich um andere kümmern

Einfühlungsvermögen – die Fähigkeit, die Gefühle von anderen zu verstehen und zu teilen

Vortrefflichkeit – etwas sehr gut machen

Freundschaft – ein Band gegenseitiger Zuneigung zu jemandem haben

Freundlichkeit – die Eigenschaft, freundlich, großzügig und rücksichtsvoll zu sein

Liebe – tiefe Zuneigung für jemanden

Dienst – anderen zu helfen, ohne etwas dafür zu erwarten

Einheit – Teil eines Ganzen zu sein; Zusammengehörigkeit

Tugend – Verhalten, das hohe moralische Maßstäbe zeigt; gute Eigenschaften unserer Herzen

Bibliografie:

The Virtues Project: https://www.virtuesproject.com/

Oxford English Dictionary: https://www.oed.com/

Mein großer Dank gilt:

Meinem lieben Mann Darioush Charepoo für all seine Unterstützung.

Unseren geliebten Söhnen, sie waren die Inspiration für dieses Buch.

Leanna Guillén Mora für ihre Hilfe beim Korrekturlesen und Bearbeiten des Buches.

Patricia Maurya für die Übersetzung des Buches ins Deutsche.